VOYAGE

PITTORESQUE ET MARITIME

SUR LES CÔTES DE LA FRANCE.

Quoique personne ne révoque en doute l'utilité des voyages, tant d'entraves viennent arrêter ceux qui ont formé le dessein d'en entreprendre, que l'on doit savoir gré à l'artiste laborieux qui y supplée, en nous retraçant les pays que nous ne pouvons visiter.

C'est dans ce but que M. Louis Garneray, peintre de marine, a parcouru les côtes de la France entière, et a pensé, avec quelque raison sans doute, qu'il nous manquait un ouvrage qui nous fît connaître dans leurs détails tous ses beaux rivages. Au moyen des Vues qu'il a dessinées partout d'après nature, il forme une collection, dont il adresse aujourd'hui la première livraison au public. Son livre à la main, le voyageur curieux peut passer d'Espagne en Flandre et d'Italie en Espagne, admirer les sites qu'il a reproduits fidèlement, et rendre également hommage à son intelligence et à son zèle : je ne dirai rien de son talent; le lecteur a l'ouvrage sous les yeux. Avant ce Recueil de Marines, plusieurs ont été entrepris et sont restés incomplets. Le célèbre Vernet lui-même n'a laissé que les Vues de neuf ports (toutes, à la vérité, chefs-d'œuvre qui resteront à la postérité pour attester son talent) et non-seulement il existe un grand nombre de ports qui n'ont point exercé ses pinceaux, mais encore presque tous ceux qu'il nous a légués ont éprouvé, depuis ses travaux, de grands changemens et des améliorations telles que plusieurs d'entre eux présentent déja un aspect tout différent.

Mais ce n'est pas seulement un ouvrage d'agrément que M. Garneray a voulu publier; il espère, par son travail, faciliter aux marins la connaissance des côtes et des ports de la France, et celle de leurs vaisseaux respectifs. Ses études lui permettront aussi de retracer quelques modèles parmi les vaisseaux étrangers, que très-souvent il a eus sous les yeux, ce qui, dans plusieurs circonstances, pourrait présenter quelque utilité. Il y joindra ce qui manque aux autres traités de Marine; le détail du gréement, et l'aspect du navire pendant l'exécution des différentes manœuvres, lesquelles se trouveront variées dans l'ouvrage, et en aussi grand nombre qu'il pourra en contenir.

Ce que ne renferment pas non plus les autres recueils dont je parle, c'est la manière de mettre les vaisseaux en perspective. Sans vouloir s'en faire un mérite, puisqu'il ne s'agit ici que de l'application de la perspective ordinaire à cette partie du dessin, l'auteur a pensé qu'il était sage de présenter quelques exemples de ce genre aux marins souvent embarrassés à défaut d'avoir approfondi cette étude. La deuxième livraison et les subséquentes, de deux en deux, contiendront ces exemples, et offriront des navires placés sous toutes sortes d'*allures*.

L'artiste, marin lui-même, a eu plus d'une fois, dans ses études, l'occasion d'apprécier ceux qui l'ont devancé dans la même carrière. C'est ainsi qu'il n'a cessé d'admirer les chefs-d'œuvre de feu M. Ozanne, constructeur célèbre, à qui la France doit le vaisseau à trois ponts *le Vengeur*, et la corvette *la Diligente*. Les qualités de ces navires, où brille le plus beau talent, l'élégance de leurs formes, la solidité de leur construction, la supériorité de leur marche, qui ont captivé les suffrages de tous les navigateurs, ont placé le nom de M. Ozanne au rang distingué qu'il doit occuper. Cependant l'exactitude scrupuleuse et la vérité d'aspect qui se font remarquer dans le dessin de tous ses vaisseaux, ne se retrouvent pas, il faut en convenir, dans toutes les Vues des ports qu'il a publiées; peut-être le graveur doit-il en être principalement accusé.

Ayant observé lui-même et dessiné sur les lieux, pouvant lui-même graver ses propres ouvrages, M. Garneray n'a point à craindre une telle infidélité: sites, monuments, travaux du commerce et de la marine, exercices et jeux des habitants des côtes, leurs costumes et ceux de nos soldats de terre et de mer, tout a fixé son attention. Il n'a rien négligé pour s'instruire des moindres détails concernant les mœurs et coutumes de tous les lieux qu'il a parcourus. Vingt ans de navigation et d'études, de nombreux voyages sur mer dans toutes les parties du monde lui ont appris à méditer sur le sublime spectacle qu'offrent à la vue l'immensité de l'Océan, les effets du ciel des mers, tour à tour nébuleux ou serein, la rive désolée par le souffle des ouragans, ou éclairée par de doux rayons de lumière. Marin dès son enfance, il a pu sans cesse, pendant vingt ans, contempler le désordre des tempêtes; ses esquisses et ses souvenirs lui permettront de retracer, en évitant toute monotonie, les tableaux imposans et variés dont la nature frappait alors ses regards. En rédigeant avec lui le texte de cet ouvrage, je n'ai fait, pour ainsi dire, qu'écrire sous sa dictée, puisque je me suis borné à mettre en ordre, avec le plus de simplicité et de clarté possibles, les notes qu'il a prises lui-même sur les lieux. Ces notes donneront une idée de la justesse de ses vues et de sa continuelle habitude d'observation; ajoutées aux dessins qui, sans doute, mériteront d'honorables suffrages, elles ne feront, je l'espère, qu'augmenter l'intérêt que doit inspirer un ouvrage curieux pour toutes les classes d'amateurs, et aussi ingénieusement conçu qu'heureusement exécuté.

Ach. R.....

DÉPARTEMENT

DES BASSES-PYRÉNÉES.

Nous commencerons notre course par l'extrême frontière méridionale. Et après avoir visité les rives de la Bidassoa qui sépare la France de l'Espagne, remontant vers le nord, nous côtoierons le golfe de Gascogne, et nous visiterons toutes les limites maritimes du département des Basses-Pyrénées.

Tout ce qui frappe la vue du voyageur dans ce département est propice aux nobles inspirations, et charme également le peintre avide de sites pittoresques, le poète passionné pour les solitudes romantiques, et l'ami de la nature agreste et des plaisirs champêtres. Les monts qui le couronnent, et qui lui ont prêté leur nom, offrent une variété immense, et font naître des contrastes frappants : ici, des forêts de noirs sapins et de melèzes pyramidaux s'élèvent en amphithéâtre du fond de la vallée féconde jusque vers le sommet aride de quelques montagnes, où elles disparaissent, cachées par l'atmosphère humide de la région des nuages ; là, de vastes bruyères, des landes stériles, à peine interrompues par quelque végétation éphémère, plongent l'ame en de tristes méditations, que dissipera bientôt l'aspect de riches coteaux, parés des pampres verts, et des vignes pourprées qui nous donnent le vin généreux du Midi : ici, des fleuves majestueux roulent lentement leurs eaux transparentes ; là, des torrents rapides entraînent, avec leurs ondes, les sables qui bordent leurs rives. La température de ce pays bizarre participe de la diversité de son aspect : telle vallée, toujours soumise à l'influence d'une douce chaleur, est dominée par un pic élancé, que le soleil n'a jamais pu dérober à la rigueur des frimats.

Comme tous les naturels des pays montagneux, les Basques sont doués d'un esprit vif et d'un cœur chaud, qui les portent aux passions violentes et généreuses, en les éloignant des choses viles et basses. L'hospitalité est en honneur parmi eux ; l'originalité de leur esprit, la vivacité de leur imagination sont connues, et leur agilité passée en proverbe. Leur langage semble avoir peu varié depuis les temps les plus reculés, et n'a rien de commun avec les langues vivantes. Les souvenirs de ce riant pays ne sont pas sans gloire : il a acquis quelque célébrité par l'esprit d'indépendance de ses habitans, et leur résistance obstinée aux conquérans goths et maures. Strabon et Pline nous avaient déja appris que, dans les temps antiques, les *Vascons* ou *Vascéens* avaient refusé de plier leurs fronts devant les maîtres de la terre ; et César aussi, dans ses Commentaires, parle avec éloge des *Cantabres* naturels de ces cantons. Le sol qu'habitent leurs descendans doit à leur vie laborieuse et à leur activité une partie de sa fécondité; souvent, du sein d'une terre infertile et sablonneuse, leurs mains ont fait sortir d'abondantes moissons; mais souvent aussi la nature seconde leurs travaux, et la fertilité des rives de l'Adour et de la Bidassoa a été plus d'une fois célébrée par les poètes, ainsi que la félicité de leurs pasteurs; la Nive, la Buse, la Nivelle, le Guison et le Vert, sans avoir des noms aussi poétiques et aussi connus, n'offrent pas moins de charmes à ceux qui parcourent leurs bords : c'est la patrie des bergers des romans.

Mais notre ouvrage est spécialement consacré à donner une juste idée de nos côtes maritimes, et peut-être nous sommes-nous déja trop étendu sur la description d'un pays que nous ne devons pas visiter en entier. Laissons de côté ce qu'il pourrait encore nous fournir d'intéressant : ses montagnes dont le flanc récèle l'argent, le blanc albâtre et le cobalt couleur d'azur, ses villes, les principales de la Navarre et du Béarn; jetons en passant un coup d'œil sur Pau, berceau du bon Henri, sur Bayonne, fortifiée par Vauban, mais avant de décrire cette dernière ville, sur laquelle nous devons nous étendre, arrivons devant Andaye, premier port maritime de la côte occidentale des Pyrénées, et premier village de la Biscaye française, que nous avons choisi pour notre point de départ et notre premier tableau.

VUE D'ANDAYE.

Des hauteurs qui dominent Andaye, nous découvrons Fontarabie, sur l'autre rive de la Bidassoa qui sépare ces deux bourgades, limites des deux États; leur position respective les livre l'une et l'autre à l'invasion : aussi ont-elles été souvent, tant dans les derniers siècles que dans le nôtre, le théâtre de la guerre. Le bourg d'Andaye, souvent dévasté, est aujourd'hui presque désert, et Fontarabie, privée de ses fortifications, est devenue une ville de peu d'importance.

D'intrépides marins sortis d'Andaye osèrent les premiers attaquer la baleine, à l'aide du harpon, et découvrirent, en la poursuivant, le banc de Terre-Neuve, fameux par la pêche de la morue; au reste ce n'est pas la seule preuve que nous ayons de la bravoure hasardeuse des marins basques, peut-être même Christophe Colomb leur a-t-il dû la découverte du Nouveau-Monde. Andaye était autrefois riche et commerçante; elle fabriquait la liqueur qui porte son nom, et dont la consommation était considérable, surtout dans nos colonies; le commerce des piastres augmentait encore sa richesse, mais le dernier incendie lui a fait perdre tous ces avantages, et elle n'offre plus aujourd'hui qu'un amas de décombres et de ruines.

Au-delà du fleuve s'offrent à nos yeux les riants coteaux de l'Espagne; vers la droite, au milieu de la Bidassoa, et presque à son embouchure, on découvre l'île des Faisans, qui porte le nom d'île de la Conférence depuis l'entrevue des plénipotentiaires français et espagnols chargés de négocier la paix entre les deux puissances, par l'alliance de leurs princes (1). C'est par ce traité que le territoire d'Urgel, qui, depuis peu a obtenu une certaine célébrité, a été cédé à l'Espagne. C'est encore dans cette île que, long-temps avant, furent échangés les enfants de François Ier, donnés en otage pour la délivrance de leur père.

Au delà de l'île de la Conférence, le fleuve se perd dans la pleine mer, qui borde l'horizon, et disparaît dans un vague lointain.

SAINT-JEAN-DE-LUZ.

En quittant Andaye, que nous venons de décrire, et l'extrême frontière méridionale pour rentrer en France et remonter vers le nord, nous arrivons à Saint-Jean-de-Luz, dont le port, situé au fond d'une vaste baie, fait le sujet de notre second tableau.

Avant de nous arrêter devant ce port et de le faire connaître à nos lecteurs, esquissons en peu de mots ce que nous avons observé de plus remarquable dans les usages des habitants de Saint-Jean-de-Luz, qui sont généralement attachés à ces usages par un sentiment de respect presque religieux, comme tous les peuples qui conservent encore leurs anciennes coutumes, quoique la plupart de ces coutumes ne soient point exemptes de ridicule. Les Basques, remarquables par leur activité, sont portés, par cette activité même, à une passion excessive pour la chasse et pour le jeu de paume, qui les entraînent dans de très-longues réunions, auxquelles les hommes assistent seuls. Leurs femmes se trouvent ainsi délaissées et solitaires, quoique leurs vertus domestiques, leur modestie et leur douceur semblent mériter un meilleur sort. L'extrême délicatesse de ces Basquèses les rend très-susceptibles sur les rapports de convenances; aussi se renferment-elles communément plusieurs années dans l'austérité du veuvage, et s'enveloppent-elles, cinq ans entiers, des crêpes du deuil, lorsque la mort frappe leurs époux, que d'ailleurs l'usage leur prescrit d'accompagner jusqu'à leur dernière demeure.

Leur costume est modeste; elles ignorent le luxe de nos pays, nos cadeaux pour les baptêmes, nos corbeilles de mariage, et les autres coutumes nées de ce luxe que la corruption enfante. Dans toutes les saisons, elles sortent de leurs humbles retraites, vêtues de noires mantilles, dont le capuchon rabattu couvre leur tête, et les soustrait aux regards indiscrets des jeunes gens. C'est ainsi qu'au jour du repos elles vont offrir leurs hommages au Seigneur, agenouillées sur les froides dalles qui couvrent les tombeaux de leur famille, que l'usage ne permet point encore de placer au milieu des champs, tandis que leurs époux, séparés d'elles, assistent au divin sacrifice dans les galeries de bois qui environnent l'église, non que la jalousie sépare les deux sexes; il n'est point d'exemples, au contraire, de séparation conjugale dans ce beau pays; mais par un motif de pudeur et de modestie

(1) Paix des Pyrénées en 1666, conclue par Mazarin, et dont le mariage de Louis XIV avec l'infante d'Espagne, Marie-Thérèse d'Autriche, fut le gage.

qu'on ne saurait trop louer dans ces femmes, et peut-être aussi dans les époux, par une indifférence que ne méritent pas leurs aimables compagnes. Mais cette indifférence ne s'étend pas au moins à toutes leurs affections; car la piété filiale et l'amour des pères pour leurs enfants sont portés au plus haut point parmi eux, et forment un des traits distinctifs de leurs caractères.

Revenons au port de Saint-Jean-de-Luz, situé au fond de la baie qui porte son nom, et fermé par deux jetées partant de la ville et du village de Sibourre, que nous découvrons à la gauche de notre second tableau.

La Nivelle, qui a son embouchure dans ce port, occupe notre premier plan, et sépare le spectateur de la ville, dont nous voyons à notre droite un quartier appelé *le Marais*. Le premier édifice que nous remarquons dans ce quartier, à la droite du tableau, et que les quatre tours dont il est flanqué nous font distinguer, est l'hôtel qu'habita Louis XIV, lorsqu'il vint épouser l'infante Marie-Thérèse, après la conclusion de la paix des Pyrénées.

En avançant vers la gauche, et longeant toujours les maisons qui bordent le port, on aperçoit une de ces digues auxquelles on donne le nom de *Perret*, et que l'on oppose à la violence de la mer. Celui-ci qui est surmonté d'un obélisque érigé en l'honneur de S. A. R. Mgr le duc d'Angoulême, a été construit ou plutôt reconstruit dernièrement pour renforcer un ancien perret, dont une partie a été détruite par la mer qui, continuant ses ravages, menaçait d'engloutir la ville.

Ce perret est terminé par un autre bâtiment de même nature et de moitié plus bas, attenant de l'autre côté à la jetée. Ce bâtiment, qui garnit une anse sablonneuse, demi-circulaire, ouvre passage à la vague, et lui permet de porter assez avant le vaisseau pour qu'il puisse prendre terre (échouer en langage maritime), sans toucher à la digue, et sauve ainsi le navire et l'équipage du danger qu'ils pourraient courir sur le perret supérieur de la droite, où ils seraient infailliblement brisés par la violence du choc; et d'ailleurs le passage que s'ouvre la mer entre les deux jetées est souvent impraticable dans les gros temps, même avec l'aide des pilotes côtiers, auxquels il est aussi impossible qu'aux autres marins de distinguer le goulet couvert de tous côtés par les vagues de la mer : au reste, dans ce port tout atteste ses ravages, et tout prouve qu'elle a fait, en empiétant sur les terres, des progrès considérables. Sur la plage derrière le perret que nous venons de décrire, et hors de la vue du spectateur, on montre aux étrangers les ruines d'un ancien couvent, dont les parties supérieures se distinguent encore au milieu du sable qui le couvre presque entièrement. C'est à M. de Baudre, ingénieur du département, que les navigateurs et les habitants de Saint-Jean-de-Luz doivent ces belles digues, et les importants travaux de ces deux perrets qui les préservent des plus grands dangers, et qui sont à nos yeux également remarquables par leur conception hardie, et par leur belle exécution (1).

Au delà du port et de la baie, le port de Socoa sert de relâche aux barques de pêcheurs. Ce port, que nous découvrons à l'horizon, ferme la baie de Saint-Jean-de-Luz, dans la partie méridionale, et ses bastions en défendent l'entrée.

---

(1) La violence de la mer vient de détruire, pour la seconde fois, ces importans travaux.

VUE DE BIARRITZ.

Le port de Biarritz était jadis une succursale de celui de Saint-Jean-de-Luz. Mais la mer ayant détruit ou comblé une partie du premier, il ne peut plus servir aujourd'hui qu'à armer quelques petites barques de pêcheurs. Toute cette partie du golfe de Gascogne, bordée d'écueils et de brisans, est très-dangereuse; à peine peut-on essayer d'y naviger encore, même dans les jours de beau temps; mais aussi cette côte dangereuse est-elle un des plus beaux sites de la France, et l'un des endroits les plus remarquables par la réunion de tout ce qui peut charmer les yeux du peintre ou de l'admirateur de la nature pittoresque.

Sur le rocher qui domine le second plan et le centre de notre troisième tableau, à droite de la bourgade de Biarritz, on découvre un monceau de ruines informes, que l'herbe dont il est recouvert empêche encore de distinguer; ces ruines ont sans doute appartenu à un fort qui s'est écroulé sur l'autre côté de la montagne; plus loin et toujours vers la droite une tour blanche, surmontée d'un fanal, sert de point de reconnaissance pour les navires, pendant le jour comme pendant la nuit; plus bas et près des brisans, on aperçoit encore la porte d'un ermitage, désert depuis long-temps, et l'avant-corps en bois qui y conduit.

Les bains de mer de Biarritz sont très-connus dans la contrée, et très-fréquentés chaque année, malgré les nombreux malheurs qui en résultent. M. de Jouy a consacré à les décrire un numéro de son Ermite en province, et a ainsi révélé leur existence à la plupart de nos lecteurs, ce qui nous dispense d'en parler ici, autrement que pour mémoire. L'affluence qu'attirent ces bains, et le peu de pêche que l'on fait dans le pays, suffisent pour donner à Biarritz une apparence de propreté qui annonce une honnête aisance, et qui semblerait dénoter l'opulence dans tout autre pays que la Biscaye, où elle est également l'apanage du pauvre et du riche, tant dans l'intérieur des ménages qu'à l'extérieur des maisons, la plupart peintes en blanc et entretenues avec un soin qui est presque du luxe.

Ce petit endroit est visité par tous les voyageurs qui parcourent la Biscaye, tant les beautés pittoresques de sa position sont célèbres. On s'y rend de Bayonne d'une manière très-agréable dans les cacolets, espèces de doubles selles propres à recevoir sur le dos du même cheval le voyageur et la jeune conductrice ou cacolétière à laquelle les rênes sont confiées : ces cacolétières sont presque toutes jolies, ce qui n'est pas un des moindres attraits attachés à ces promenades agrestes, que tous ceux qui ont visité le pays ne peuvent se rappeler sans plaisir.

VUE DE L'EMBOUCHURE DE L'ADOUR.(1)

Revenons à Bayonne, que nous avons déja annoncé devoir visiter. Commençons par le Boucau (2), à la vue duquel l'Adour vient mêler ses eaux à celles de la mer; et examinons

(1) Nous rectifions ici une faute qui s'est glissée dans la gravure du titre de cette quatrième planche; au lieu de l'Adour que nous rétablissons, on a employé l'orthographe incorrecte de la Doure. Cette note tiendra lieu d'*erratum*.

(2) Boucau, *embouchure* en langue basque.

avec le lecteur cette fameuse passe, connue sous le nom de *Barre de Bayonne;* objet d'effroi pour les plus intrépides marins.

L'embouchure actuelle de l'Adour, où se trouve cette dangereuse passe, est garnie d'écueils terribles causés par la mobilité des bancs de sables, écueils que ne pouvait prévoir le célèbre ingénieur Louis de Foix, lorsqu'il creusa, sous le règne d'Henri IV, ce nouveau débouché au fleuve, et ferma, par de fortes digues, son lit naturel, pour éviter aux navigateurs de ces bords un inutile trajet de plus de six lieues.

La tour du Boucau, qui domine la gauche de notre quatrième tableau, élevée sur la jetée qui termine la rive de l'Adour, à plus de soixante-quinze pieds au-dessus du niveau de la basse mer, est surmontée d'un mât de pavillon dont l'inclinaison, dirigée par le pilote-major dans les jours de *gros temps*, indique aux navires la route qu'ils doivent parcourir pour se dérober aux plus grands dangers.

Quand il fait beau, les pilotes, montés sur de légers esquifs (1), vont jusque dans la pleine mer à la rencontre des vaisseaux qui arrivent à Bayonne. Dans les jours de dangers ils les attendent, en deçà de la barre, sur ces mêmes chaloupes, qui se placent toujours de chaque côté de la passe.

Au pied de la tour du Boucau, d'où l'on ne découvre aucune habitation, l'œil est frappé par le plus triste des spectacles; d'un côté des sables que le vent soulève et disperse au loin en nuages jaunâtres, un horizon désert et un silence effrayant; de tout autre côté, l'immensité des mers, et cette barre redoutable dont l'aspect rompt seul la monotonie du tableau, et dont les mugissements sinistres interrompent un triste silence par un bruit plus triste cent fois. Elle s'élève, mugit, retombe dans le sein de l'onde qu'elle blanchit de flots, d'écumes: et malheur alors à l'imprudent nautonier qui n'a pas aperçu le signal hospitalier du pilote; trompé par le calme dont il jouissait naguère, s'il a franchi la passe désastreuse, il viendra se briser sur les bancs de sable qu'elle surmonte, et les rives de l'Adour se couvriront de ses débris.

Depuis l'embouchure de la Bidassoa jusqu'à l'embouchure de l'Adour, nous avons décrit d'Andaye à Saint-Jean-de-Luz, à Biarritz, au Boucau, une courbe dont nous continuerons à parcourir tous les points.

Terminons ici notre première tournée, et laissons nos lecteurs à Bayonne, que nous leur ferons mieux connaître dans nos livraisons suivantes, où nous poursuivrons avec constance la tâche que nous nous sommes imposée. Heureux si notre ouvrage obtient les suffrages de nos braves marins, en leur rappelant des travaux aussi nobles que pénibles, mais qu'une renommée stérile ne vient pas même toujours payer des maux les plus réels et des plus horribles dangers!

(1) Ces chaloupes de pilotes ou plutôt ces pinasses bordent six avirons, et gouvernent à l'aide d'un septième. Elles n'ont qu'un mât et une voile de misaine, qu'elles déploient pour le largue et le vent-arrière; et sous cette allure, ainsi qu'à la rame, elles affrontent souvent les mers les plus orageuses.

VUE DE BIARITZ.

VUE DU PORT DE ST JEAN DE LUZ.

VUE DE L'EMBOUCHURE DE LA DOURE.

VUE D'ANDAYE.

www.ingramcontent.com/pod-product-compliance
Lightning Source LLC
LaVergne TN
LVHW012026170826
845678LV00004BA/1652

9782329625966